Comme résonne la vie

Comme résonne la vie est le cent vingt-huitième ouvrage publié par les Éditions Bruno Doucey

Éditions Bruno Doucey
Cour d'Alsace-Lorraine
67, rue de Reuilly
75012 Paris
www.editions-brunodoucey.com

ISBN : 978-2-36229-168-5

Hélène Dorion

Comme résonne la vie

Éditions Bruno Doucey

Comme résonne étrangement la vie
que tu vois se lever, au milieu du brouillard
de l'enfant que tu étais, hier encore
à la table où ton père, où ta mère
fouillaient le quotidien, sarclaient
la terre, arrachaient les herbes égarées
parmi les tulipes hautes
qui flottent encore dans le jardin comme
des étoffes, et mesurent les vents à venir.

Alors, comme résonne étrangement la vie
derrière la tempête qui broie ton corps
d'enfant, jette des marées de solitude
sur tes rêves, crois-tu, un mouvement
de lumière gagne sur la brume
peu à peu tu défriches la forêt
du passé, vois le chemin
où naissent et glissent
dans la terre les fragiles espérances.

Tu entends soudain la pulsation du monde
déjà tu touches sa beauté inattendue.
Dans ta bouche fondent les nuages
des ans de lutte et de nuées noires
où tu cherchais le passage
vers l'autre saison

et comme résonne étrangement l'aube
à l'horizon, enfin résonne ta vie.

I

Étrange, comme la lumière

Tant de fleuves

Le fil du labyrinthe solidement tenu
entre nos doigts, on voudrait
moins étrange cette chose qu'est le monde.

On voudrait la connaissance des planètes
celle des rêves qui se promènent
dans nos têtes, on voudrait Galilée
Newton, Einstein et l'histoire de l'univers
lumineuse dans nos livres
Miron, Blais, Pilon
et le jardin comme une terre
un pays où l'on dépose nos mots
ces îles d'amour et de nuages, on voudrait

les falaises de Rilke, les vagues
de Virginia Woolf, tant de fleuves
de fruits qui ne tombent
tant d'aubes qui ne s'achèvent
autour de la table, l'amitié, la poésie
et les anges tout au bord
qui murmurent de longs secrets.

On voudrait des visages sans nuit
des yeux neufs pour tout voir
au-delà des tempêtes

des bateaux sans amarres
des ponts que l'on suspend
au-dessus d'abîmes, l'horizon d'un enfant
qui ouvre son cahier à colorier, s'imagine
capitaine d'une goélette qui l'amène au bout
de l'inconnu, invente son aventure
et le monde avec lui
devient un vaste poème.

On voudrait vagabonder
dans l'histoire, nommer L'Île-aux-Coudres
ou d'Orléans, celles de la Madeleine
le long du Saint-Laurent

on voudrait des mots
pour chaque lieu, chaque visage

ouvrir les yeux, chaque matin, rejoindre
comme une goutte l'océan, comme une feuille
la branche de l'arbre, voir les ombres
comme des flammes qui vacillent
et cèdent sous le poids du temps
les herbes moins fragiles
la houle moins forte quand chavire le cœur.

On voudrait les étoiles qui se penchent
au milieu du très noir, la terre
belle comme une aube, comme le plus petit atome

qui l'habite, on voudrait l'espérance
encore possible dans nos mains, des rêves

des rêves pour toute une vie
et l'histoire du monde
qu'on recommence dans la lumière, juste
une lumière sans entaille.

On voudrait la route comme un souffle
les cloches pour la joie de l'âme
l'orage égaré, la défaite qui ne pèse
et partout l'horizon où grandissent les voiles.

On voudrait les tempêtes derrière soi
les courants, le rien, le maintenant
et le toujours
les remous incertains
comme des ombres qui basculent.

On voudrait revenir
après la réparation des choses
et du cœur, demander
où l'on est, où l'on va.

On voudrait la rose
et la pluie, la pierre et le vent
qui lèchent les regrets
le tout de cette vie dans la bouche

douce comme un visage, et pure
comme une promesse
qui serait la sève
le chemin vaste.

Ici 1

C’est ici qu’un jour l’ombre
s’est renversée comme
tourne le vent, casse la vague
sur le rivage, c’est ici
que le temps s’est posé, puis
tout ce qui remue s’est figé
l’image est devenue noire, ici
devant l’océan j’ai touché la cime de l’arbre
la ligne de crête avant la descente
ici tout a fini, tout
a recommencé, il a fallu laisser la vie
se déchirer comme vieilles photos jaunies
se casser comme
vieilles lunettes qui embrouillent l’horizon.

C’est ici, au milieu du jardin
que le bonheur, un jour, le bonheur
s’est remis à couler comme sève
au milieu de mon corps
et au-dessus des ponts, il y eut un visage
il y eut un regard
et l’amour, c’est ici.

On consacre sa vie à croire
en quelque chose d'éternel
parmi l'éphémère.
Mais si les étoiles révèlent le passé
le futur ne dévoile rien.

On consacre sa vie à faire semblant
à troquer un masque
pour un autre, à céder aux attentes
et répondre aux sondages
à se protéger des OGM, des ondes
électromagnétiques et amoureuses.

On consacre sa vie à voir des tempêtes
que l'on ne boit jamais
à s'enchaîner à des illusions
pour s'en libérer
à mettre fin à des conversations qui durent
à des amours qui voudraient durer
à changer de maison, de portable, à espérer
ne plus rien désirer
à détruire
ce qui nous a précédés puis
à l'idolâtrer.

On consacre sa vie
à boucler des avions, des trains
des hôtels où l'on ne sera jamais ailleurs

qu'en soi-même
et l'on cherche du sens
à ce qui n'en demande pas tant.

On fouille parmi les mots
jusqu'à ce qu'un battement
de cœur les avale tous.

On désire quelque chose d'éternel
et ce désir même
ne dure pas.

Des rideaux de tumultes
et d'illusions t'arrachent à toi-même
te laissent au milieu du ciel parfait de ta vie
que n'effleure aucun souffle.

Une feuille sur la branche se met à bouger
légèrement, d'abord légèrement
puis une bourrasque la secoue.

Le ciel de ta vie demeure parfait, crois-tu
alors que le vent s'amplifie.
Aucun signe de l'orage, juste un horizon
qui fait des vagues, détache une feuille
une autre tombe
et le tronc oscille, on croirait
un courant inépuisable
– casse la branche
et le sol parfait de ta vie
soudain s'obscurcit
de toutes les feuilles que détachent
les rafales, d'un geste large
qu'on n'aurait pu prévoir

un vent qui ouvre la bouche
happe tout ce qu'il touche.

Imprévisibles 1

Quand surgit ce désordre d'escaliers
de ruelles et de sentiers qui se perdent
parmi ce qu'on détruit et reconstruit
tu pourrais laisser s'achever la musique
demeurer dans le fauteuil du poème
et regarder ce qui viendra
par la fenêtre, tu pourrais ne plus noircir ton cahier
ne plus grimper aux arbres de l'histoire, tu pourrais
rejoindre le sommet des montagnes
où chaque pas te rapproche de l'aube

tu pourrais chuter du haut des falaises, même rester
la vie entière en apnée, ne rien voir du réel
ou de l'absolu qui chatouille ta langue
ne rien ressentir dans ce cœur qui vacille
tu pourrais monter dans les trains de nuit
traverser l'imprévisible, les paysages vertigineux
du creux de tes mains, ouvrir
d'autres routes, ouvrir encore
d'autres poèmes.

J'ai regardé au-dessus des ponts
des barques glissaient dans mes veines
j'ai regardé le feu, la tempête

le bruit furieux du passé fracassait le ciel
j'ai pensé – la maison en ruine, le nom des rues
qui s'étiole, les roses dans le jardin
comme une cité abattue

l'arbre que l'orage a défait
les miettes d'un coquillage
comme un amour anéanti.

Des tourbillons de fumée s'emparent des champs
la pulsation des herbes s'éteint, vaincue
par le jeu sombre des vents.

Tu tires le fil, la fissure ne dort pas
mais le cœur frémit entre les rayons
une forêt de rêves monte de la terre
la lumière enfin – quelque chose de la lumière –
affaiblit les banquises. Un feu se brise
comme une géométrie, se multiplie
à l'intérieur de toi, touche ce qui est à guérir
comme une aube, gagne sur ta peur
du tumulte, des fosses qui emprisonnent.

Quelque chose de la lumière griffe le paysage
de tes illusions, dissout les nœuds.
Tu rentres avec des soifs puissantes.

L'œil, la gorge, le milieu
de ta poitrine – ce dard embrasé
qu'on retire – soudain
le vent soutient la clarté.

Ici 2

C'est ici que je songe à partir
sans bagages, pas même ce labyrinthe de chimères
qui avale parfois jusqu'à l'éclaircie
pas même l'attente et les traces
entremêlées parmi les ans
ni les seuils bardés de pierres.

Aujourd'hui je retrouve les empreintes de l'amour
le chant des choses simples, le puits, les montagnes
qu'effleurent les ombres, les mers
où s'immiscent des îles, et les ravins
qui ont tout à m'apprendre.

Les nids de cendre
ne retiennent pas les vents, les souvenirs
où s'étreignent les astres.
Les oiseaux égarés désertent le marais.

Comme à une saison d'où monte la sève
je me donne à toi depuis toujours
sous un toit de voyelles et de consonnes
qui résonnent encore.

Orchestres 1

Dans le désordre des bois, le fleuve confus des jours
et des joies qui demandent à naître
les mots franchissent l'orage, proches
comme des oiseaux confiés aux vents
ils flottent entre les berges
entre futur et passé.

Pour eux, rien n'est tout à fait obscur, rien
tout à fait pur, les torrents leur dessinent
des horizons sans fin ni commencement
des orchestres de vagues les déchirent
comme le temps, les tordent, les dénouent.

Tu bois la sève et touches la cendre.
Tu prends le chemin de chants incertains
qui portent tes espérances.

Tu es de ces mots qui s'ouvrent et s'absentent
pour reparaître du côté des forêts
du voyage de l'aube que célèbre ta vie
à l'instant, tout ce qui cherche à renaître
en toi s'éveille, un monde proche
la lumière des choses
et de tes rêves.

Ma vie passe dans les ports et les jardins
sur les routes qui relient
le bourgeon à la branche nue de l'hiver.
Quel amour l'élève et la maintient
solide comme des glaces sur le fleuve
et rompt les sentiers de solitude ?

Les mots naissent de paysages déchirés
qu'ils éclairent et reconstruisent
le long de la pente que gravissent les ans.

Orchestres 2

Dans les broussailles, le ciel imparfait
de nos histoires, le fleuve semble immobile.

Tu pourrais ne rien attendre
de cette vie qu'égrènent les lunes
suivre du regard les voiliers
qui s'y engouffrent.

Les marées s'enfoncent dans le sable
et tu pourrais ignorer
la beauté des courants
qui nous renversent
comme des ombres inapaisées
le don vertigineux des mots
et le poids d'une fleur
au creux de la main.

Tout se résout
dans ce qui nous porte au loin
ce jardin d'argile
révèle un horizon d'or.

Sur chaque brin d'herbe fragile
s'étire l'onde joyeuse
– tu seras bourgeon, tu seras

feuille et branche
et poussière, pour que l'arbre
soulève le temps
et jusqu'à ton cœur.

Envol et chute parmi les courants
les sillons d'ombre et la chair éblouie
l'amour défriche un couloir
jusqu'au centre de soi.

Face contre terre, il n'y a plus rien
au bout des pas, plus de désert
ou de pardon, d'autres feux pour renaître
des matins où se déplie la mémoire.

Les gestes flottent
à l'abri des brasiers.

Nos bouches disent des *je t'aime*
qui portent en eux des marées de brouillard
ont appris de la foudre, cédé
sous le poids des vents
– le gravier roule au fond du puits.

Entendrais-tu 1

Et si tu écrivais l'arbre des mémoires
entendrais-tu

ces voix proches
qui te racontent
comme des feuilles frêles
dans la chambre du passé
un murmure que tu confonds
avec les vagues, entendrais-tu

ces voix qui soulèvent les décombres
pénètrent la forêt de saisons
pour empoigner tes mots
entendrais-tu

cette voix blottie contre la tienne
qui connaît le ciel, connaît la falaise
trace devant toi de patientes aurores ?

De hauts oiseaux griffent la surface
écaillent le bleu, éparpillent
la beauté de la fête.

Leurs ailes labourent les secondes
frissonnent sous le courant
et pointent des horizons
encore invisibles, des passages
que le feu bientôt révélera.

Sans prévenir, ils s'inclinent
vers la terre
fragments de rien
qui se détachent
à la porte des heures.

Entendrais-tu 2

Et si tu écrivais la chambre des ombres
entendrais-tu

la voix que menace
son propre écho, un murmure dressé
contre le silence
s'engouffre dans la nuit
et s'étonne du vent qui écorche
la fenêtre, entendrais-tu

tes mots au bout de l'aube
si tu écrivais
ce qui brûle en toi ?

La voix halète, étouffe presque
la parole sans écho, l'amour
sans amour, le désordre
planté dans le temps
qui s'obstine jusqu'à demain.

L'histoire soulève une pierre, soulève la houle
incertaine d'ombres qui descendent
le long du fleuve apparaît l'étrangère
que je fus pour moi-même.

Ce corps, comme une géométrie du souvenir
– un tourbillon de brume, une branche malmenée –
remonte à la surface
de sa vie.

Une saison décline
comme se brise la lame des illusions.

Pour connaître la lumière
et son empreinte, un visage
s'abandonne à la nuit qui le lèche
le mord, le pousse
dans le jardin dévasté.

Plus loin que le feu, que la cendre
ce visage ne sait rien encore
qui s'étonne de la pluie
d'un brin d'herbe qui fait signe.

On voudrait l'arbre qui perce
la pâleur de l'horizon
chaque bourgeon léger
des poèmes qui fouillent le néant
comme la vague ronge la pierre.

J'ai besoin de cet arbre pour me dire
qui je suis, de ce tronc qui effeuille l'aube
des racines que les années enlacent
j'ai besoin de la branche rompue
du poids des mots
au creux de ma main, la promesse
du recommencement.

C'est l'heure où la marée remonte
et lèche le sol durci, l'heure où le rivage
allonge le bras, entreprend
le lent supplice des châteaux de sable
qu'aspire la soif des eaux.

Sur mes épaules, les horloges ensommeillées
cessent de peser, un drap d'adieux flotte
et retrouve au large
les oiseaux qui s'étaient assoupis.

Bientôt le soleil effleure la ligne du jour.
La mer a repris
ce qu'elle a mis au monde.

Horizons 1

Tout ce bruit des départs

des arrivées, une vie que déclinent
nos mémoires de soleils et de lunes
cette beauté revisitée
comme une paix encore possible
de l'horizon
alors que la poussière des heures
rejoint le murmure des racines.

Les rayons se posent, obliques
sur la crête des montagnes
un vent brosse les feuillages
que la saison a éreintés.

Tu regardes l'œuvre
de la lumière sur les pentes
qui s'effacent et ressurgissent.
Tu refermes la porte du jardin, la rose
n'est que le souvenir d'une rose.

Des bourrasques harcèlent les tiges frêles
forcent les fenêtres
novembre recouvre ta demeure.
Tu descends vers ta vie, soulèves
le voile ténu des années
vois le chaos, puis la figure s'éclaire.

Tu t'arraches à la douleur et descends
encore vers toi-même, descends rejoindre
le souffle des choses
que saisissent les mots.

La forêt recueille tes pas d'enfant
tes voyages au creux de l'amour
et du poème.

Orchestres 3

Le jour se dissout, lentement la terre s'assombrit.

Son beau visage d'endormie révèle la géométrie du ciel
qui dessine quelques chemins pour la nuit.
C'est l'aventure des étoiles, le monde
insaisissable que l'on porte en soi.

Parfois un nuage en brouille la graphie
il emporte vers l'obscurité
la figure parfaite qui venait de surgir.

On entre dans l'instant où la vie
semble naître et mourir en même temps.

On ouvre les mains, comme une faille inguérissable
que l'on apprivoise, et l'on demeure
suspendu aux branches du soir.

C'est le gris qui nous enserre
et nous berce à la fois, un reste de lumière
sur l'herbe fragile.

La poussière se soulève
comme des oiseaux qui flottent
au-dessus du fleuve

comme des rêves qui tourbillonnent.

Dans la balançoire des marées
nous tenons haut les cerfs-volants de nos espoirs.

Parce que le ciel souffle sur le feuillage de nos silences
et que battent les saisons, parce que
la rosée bientôt nous rendra au petit matin
et que les heures glissent
entre nos mains des orages et des falaises

parce que tant de beautés
continuent de vivre et que nous sommes aussi
tant de beautés, chaque jour, on traverse
jusqu'à l'instant sublime où la terre, lentement la terre
son doux visage d'éveillée, remonte de sa nuit

remonte de sa nuit.

Horizons 2

Tout ce qu'il faut de lumière, tout
ce qu'il faut d'ombre pour tenir au faîte
de soi-même, être libre, crois-tu, être vraie
pour autant que cela veuille toujours dire
quelque chose, aujourd'hui que soufflent
sur tes pas les vents durs
ta main s'agrippe où persiste l'éclaircie.

C'est en haut, tout en haut qu'est ta vie
tu entres par le feu, tu sais
désormais le mensonge, désormais la trahison, l'orage
a secoué le navire, arraché les mâts, le choc
t'a projetée si loin – soudain tu n'entends
ni ne vois d'horizon, ne touches
ni l'amour ni l'oubli de l'amour.

Mais la rive, tu devines une rive au milieu de nulle part
une voix creuse et affouille l'obscurité
le temps bientôt remuera de nouveau
– chaque heure contient ta destinée.

Imprévisibles 2

Ce n'est que lointain souvenir de lecture
et de vie, ces passions que l'on nomme amours
comme des forêts indéchiffrables, des fleuves
de sève et de sang qui surgissent pour s'évanouir
aussitôt, la coupe des caresses
se brise entre nos mains, l'extase
brouillée par l'ailleurs

– un château où s'enchaînent
violences et tourments abrupts
des tours comme des ailes
refermées qui ne pointent
aucun horizon –

et si tu cherches la vraie vie
jusqu'aux confins d'une saison
où s'illuminent tes songes
comme autant d'espérances
une promesse jamais tenue
du réel, un arbre affaibli
toi la vaste illusion, moi l'étrangère

et si tu cherches la vraie vie, tu entendras
dans ton cœur, ton âme
le murmure continu des choses

un monde frêle
le désordre de rêves encore inaccomplis
et ces formes fugitives que tu fabriques
glissent au fond du puits.

Si fragile, tu te sens si fragile
dans les bras du temps qui pousse
vers toi des ciels évanouis.

Pour toujours, croyais-tu
c'était l'hiver, une marée d'ombres
au bout de tes doigts désespérés.

Quelle voix, quel visage
te dira où entrer
saisir la pierre, l'herbe
la rose – le très peu qui bat
comme une promesse
s'accorde à tes soifs ?

Tu entends que reviennent
les glaces lacérées du passé
tu entends le feuillage lourd d'automnes
dans le jardin des départs
quelle autre vie attendons-nous ?

Un arbre, un insecte patient
portent en eux les remous du monde
et les mots comme un reflet
de lents espoirs
qui remontent à la surface.

Le voyage dure encore
qui me mène au commencement de moi-même
et la traversée ne connaît aucun port.

De vastes ailes, des barques d'absence
un château blessé. Le vent tourmente
des forêts sans mémoire, perce les épaves
les ruines déjà rouillées par trop d'hivers.

Je rentre par des chemins dispersés
aux quatre coins de la nuit, par des paroles
accroupies dans la langue de mon père
des cris, des balbutiements, des mots
en friche qui ne racontent aucune histoire
et croquent le fruit et attendent le printemps.

J'ai longtemps cherché le seuil
de ma propre maison, des pierres lourdes
encombraient le passage.

Aujourd'hui j'avance vers ce que je deviens
je me fonde, m'érige
m'échafaude à l'est de mon arbre
pour que tout commence
avec ce qu'on appelle *vivre*.

J'ai compris tant de choses
de mes bonheurs et de mes déchirures.

Le temps brûle entre mes mains
comme des feuilles jaunies, l'empreinte
de chaque solitude
que l'on regarde les yeux fermés.

Et si, derrière nos pas, le monde
se remet à battre, que reviennent
comme de grandes marées
les terres jamais entrevues
et si je porte encore une trace
c'est d'espérance en un commencement
qui nous recommencera.

II

Étrange, comme le monde

Étrange comme le monde vacille parfois
entre nos mains
couleur chair, sans voix
le paysage craquelle
et laisse s'égoutter la sève
sur le revers de sa veste, on dirait
un personnage venu
des profondeurs de l'histoire
du vaste théâtre des choses
théâtre des mots
légèrement froissés
sur la page que l'on ouvre
pour voir la terre, voir
la vie entière que l'herbe soupèse.

La terre, comme la vague
ou la vie insoumise, comme résonne
une musique, dans ce théâtre
d'ombres mouvantes
la langue fouille la forêt de sens
tandis qu'une foule
d'images s'aventurent sur la page
des photographies retouchées
une vaste usine mentale
la somme harassante des bruits du monde
et des mots qui s'entassent sans mémoire.

La poésie serait-elle une expérience du réel
qui le rend habitable, hébergée
sur quelque site ?
La langue fouille la forêt
à un mètre de moi
dimanche ouvre la fenêtre
et le vent arrache quelques vers
encore, un peu de sens
au poème, il fait soudain
très noir, soudain très noir
sur l'écran.

L'intime conviction que les choses
tournent dans la tête pour mieux s'enfouir
au creux des os, sarcler les ombres
et l'écorce, s'évader
vers une histoire nouvelle.

Nous avons un tel appétit pour l'éternité
pour le désir qui passe
d'une chambre à l'autre
un tel goût pour les rivières que l'on remonte
les mondes encombrés
les châteaux de sable, les jongleurs
les funambules qui glissent
entre nos doigts.

Savons-nous ce qui nous relie
à nous-même, à cette vie qui nous invente
parmi feux de broussailles
et violents hivers, esquisse
bribes de rêves, malmène des amours
nous soustrait à l'orage?

Savons-nous la sève et le sang
la route et l'enchantement?

Portrait imaginaire 1

Je ne sais pas dessiner
pas mettre de la couleur
autour des traits noirs
pas fixer une image, pas
suivre l'ombre
pas mouiller le papier, plonger
le pinceau dans l'eau
éponger avec un chiffon
pas faire dire à la main
ce qu'elle voit
à la lumière ce qu'elle touche.

Je ne sais pas le visage
ne sais pas forcer la bouche
à s'ouvrir, le corps à s'étirer
sur toute la longueur
de la page, avec le doigt estomper le bleu
du ciel, ajouter un peu de mauve
au bout de l'horizon, dire
voilà c'est l'aube.

Le plancher vibre, entends-tu
les murs s'en étonnent, la porte
se referme, entends-tu
la maison se replie sur elle-même
s'effondre presque
comme une âme blessée

un cœur craquelle et cogne
contre les barreaux de sa cage, cœur

que le voyage tord et dénoue
pour que ne dure pas la détresse
que cesse l'histoire
de se répéter.

Les mots dans la bouche
d'un livre qui les abrite et les confie
à l'or et au plomb, tu ouvres
la porte du jardin d'encre
et de papier, jardin de roses et de soie.

Une phrase recompose l'espace
en détache le passé incertain
comme une empreinte rejoint ce qui l'efface
il est temps de rendre les mots
à ce qui les tient à l'abri

comme un nid fragile
au bout de la branche, de les recueillir
qu'ils épuisent le manque
et couvrent chaque chose
de leur souffle, disent
la matière lumineuse
qu'ils ramènent vers nous.

Avec les milliers de petites vies entassées
dans leur solitude, le poème résiste
à ce qui nous éloigne de nous-même

rôde dans l'opaque et l'éclair
découvre la brèche
cherche le rêve, cherche
l'embrasement.

Le monde nous enferme
dans les secousses répétées de l'histoire
la dérive du naufragé, les lambeaux de l'errant.

Le poème ronge la branche
jusqu'à la chute
souffle sur le feu
du voyage inachevé.

Tu sens le poids de la nuit
les visages en friche
les vies démâtées
que l'on réduit
au nombre de pas
dans le labyrinthe des jours
les maisons déracinées, les catastrophes
qui ne nous sont jamais
tout à fait étrangères.

On fait le compte de l'impossible
multiplié
par l'improbable
on défie l'éphémère
et l'infini
sans apprendre de l'enfance
ou des obsessions de l'adulte.

L'histoire voudrait qu'on la détourne du pire
– un tracé inquiet entre des nuages –
voudrait échapper au néant qui grandit
éloigner les chacals, les rapaces
qui volent au-dessus des cendres.

Tout commencerait avec des pas
sans direction, une marche
où l'on brûle à mesure
les feuilles mortes du jour.

Portrait imaginaire 2

Est-ce toi dans ce paysage
de montagnes silencieuses
qui traces du doigt les courbes
de l'horizon, est-ce toi
devant la mer qui regardes
le ciel s'effilocher au bout du jour

serais-tu soudain dans une lourde forêt
que secouent les vents
ou sur la face cachée des mots

derrière une lunette d'approche
est-ce toi qui arpentes, cartographies
mesures le vide
où tu éprouves ta gravité, et rêves
rêves d'autres mondes, est-ce toi
qui dessines ces étoiles
dans tes cahiers, toi qui cherches
et désires et touches
comme une lumière dans le poème ?

Tu découvres un théâtre avec une scène
sur laquelle des personnages
à peine sortis des coulisses
malmènent les mots
entourés d'ombres qui s'agitent.

On croirait des locataires
de leurs propres vies.
La crainte et le doute pèsent
sur la balance davantage que l'amour.

Le rideau ne se lève pas.

Que font alors les personnages
demeurés sur scène
et qui n'osent bouger, n'osent
fermer les yeux
sur la salle vide du théâtre
où l'on ne répète jamais que pareille histoire ?

Les personnages, chaque fois
refont les mêmes pas
espérant que l'auteure ajoutera
quelque didascalie qui préciserait

où déposer ce monde qu'effritent nos pas
ce temps que nous égrenons
comme de la lumière, sait-on

quelle histoire remue
à l'intérieur, quel fil ténu nous relie
les uns aux autres, nous retient
tout en haut de cette falaise qu'est le cœur ?

Tu aimes je le sais que les mots bougent
comme dans l'ombre ou l'amour, tu aimes
les gestes, même l'intention
tu aimes déployer de vastes cités
des mondes parfaits, élaborer des formes
qui ouvrent la langue
et l'histoire, ériger des murs
qui retiennent les marées
la lumière oblique de pointer
soudain vers toi.

Tu aimes les hautes falaises
le souffle des étoiles et de la passion
tout risquer plutôt que rien.

Tu aimes la transparence
qui surgit du brouillard, le verbe *révéler*
les théories qui gardent à distance
tu aimes, je le sais
la peau des livres dans ta chambre d'enfant
celle des arbres et de la pensée

de l'autre, tu aimes l'espace mental
moins que le cœur
tu appelles *âme* cet œil intime qui crée
des liens neufs avec les choses
cette chair originelle, et le vertige
que tu éprouves devant l'aube, chaque fois

transforme le chaos en joie.

Le risque n'est-il pas de l'ordre de l'amour
de ce qui remue, défaille, bascule
en nous et creuse enfin
plus de miroirs, juste des fenêtres
qui s'ouvrent sur la vie, juste
la vie qui nous fait ressentir
ce qui bouge et
nous déplace
avec elle nous déplace ?

Tu ouvres une porte
ne sais pas que tu ouvres celle
d'un vaste théâtre
et une autre bientôt va s'ouvrir.
Tu seras alors sur la scène
de ta propre vie, tu verras
les visages que tu as prêtés à l'amour

et le rideau se déchirera, tu seras
au milieu de toi-même comme
d'un jardin faste, tu retrouveras
les plus petits gestes
et tout le paysage
tu le recommenceras.

Des murs de tempêtes ont brisé
les illusions qui flottaient encore dans le ciel
des désirs et des attentes, désormais
elles s'écoulent avec les fleuves, descendent
vers les ombres vaines
rejoignent l'argile, deviennent l'humus
un peu de temps
qui s'ajoute au temps.

Chutes et ascensions, ces histoires entrelacées
qu'on appelle nos amours

comme une lumière
pénètrent tout le passé.

La nuit épuise à mesure les images
qu'elle disperse comme des oiseaux

dans la poitrine, la chute
légère des flocons
transforme ton cœur, écoute
résonner ce bonheur, tu ne peux ignorer
le bourgeon devenu feuille
l'amour tranquille et vif
dans le filet
de clarté qui surgit.

Tu aurais lu tous les livres sur les rayons
les nouveaux comme les anciens, les grands
et petits formats, ceux qui traînent
depuis des mois, entamés
ou pas même ouverts, ceux
d'auteurs complices

tu aurais lu les plus sombres
les légers, les illisibles et même ceux
qui cassent comme
glaces du fleuve, t'inventent un estuaire
ceux qui bousculent
t'abandonnent au milieu ou te poussent
du haut d'une falaise vers ton dénouement
ceux qui creusent, touchent ton cœur
remuent encore, une fois rangés
sur le rayon, ceux

qui ont mis ta vie sens dessus dessous
et ne se referment pas, tournent encore
autour de toi, ceux qui s'accumulent
sur la table du sommeil
que tu croyais connaître
par cœur, n'entrent pas
dans la poche des heures, courbent
l'échine, ont l'épine à l'envers, restent
sur le dos de la couverture
cachent leur vrai visage, ceux qui

à la fin, te diront que la vie tient aussi
aux histoires qui la racontent
aux mots qui surgissent par la fenêtre
à ce qu'ils éclairent
dans la forêt de tes pas.

Portrait imaginaire 3

Je ne sais pas poser les mains sur les touches
du piano, laisser les doigts enlacer l'émotion
puis la relâcher, je ne sais pas

mettre le bémol sur une portée
donner le *la* d'une parfaite mélodie, ne sais pas
taper du pied, pas
battre l'exacte mesure, pas entrer
dans le cadre, garder le rythme
du cœur, dire voilà
c'est moi.

Le reflet prisonnier d'un visage
longe la paroi où se brise l'amour.

On imagine un océan d'orages
de branches et de feux
un paysage ravagé
dans la froide géométrie du ciel

tout ce qui ne sera jamais
que de passage.

Les îles surgissent
et flottent comme frêles fragments de terre
lignes courbes
où glissent des lunes ardentes.

Chaque saison s'imprègne dans les racines
ici la pierre est de corail, sous mes pas
le sol des souvenirs
que l'on destine à survivre
se détache peu à peu des marées obscures.

Tu aimes les nuages et les oscillations
légères de l'eau, le vent qui dénoue l'horizon
comme les souches du temps
tu touches enfin l'histoire que tu as vécue
les yeux ouverts, les yeux fermés, tu aimes
les heures qui poussent sur le noir, les rouges
intenses qui secouent ton cœur, les lettres
qui tracent des montagnes à gravir
les bouches que soude le désir, tu aimes
que les murs soient des fenêtres éblouies
qui disent un monde
où s'égrènent nos émerveillements
une manière de voir
à travers les mots

qui n'étanchent pas tes soifs
mais te portent encore
plus loin vers toi-même.

Portrait imaginaire 4

Je sais la transparence de la mer
celle des feuilles ivres
qui s'engouffrent dans un ciel, je sais

la transparence du silence ou du tumulte
des nuits, celle du cœur
de la langue par laquelle je regarde
ma vie que taraudent tant de questions, je sais

le dénuement de l'hiver
jusqu'au rien, ce bord ténu des choses
que l'on approche pour mieux entendre
les voix humaines qui nous broient

la stupeur qui perce l'histoire, la souffrance
parfois nouée à la beauté.

Je sais la mémoire tatouée d'ombres
qui nous happent, mais si peu encore
le mystère qui nous hante
comme une absence.

Je sais la transparence des rêves que l'on porte
celle où l'on baigne comme
au milieu de mers qui respirent

et nous révèlent
ce qui est libre et vaste.

Les lignes de nos vies qui
se brouillent, s'enchevêtrent et se brisent
n'atténuent pas le don lumineux
ni ces vents durs contre lesquels on écrit.

Tu ouvres un livre et humes le papier
en mesures l'épaisseur
tu feuillettes les premières pages, déjà
tu sais la langue qui pétrit le désordre
la poussée des mots

sur les ombres nécessaires et leurs sauts de clarté
tu sais la solitude quand tu tournes les pages
les voiles qu'il faut abattre
sous les vents trop puissants, nos cœurs
à ouvrir, nos vies
que chaque amour agrandit

et les amarres cèdent enfin
on laisse partir toutes choses.

Table

II
Étrange, comme le monde

Du même auteur

Poésie

Cœurs, comme livres d'amour, Montréal, Éditions de l'Hexagone, 2012.

Le Hublot des heures, Paris, Éditions de la Différence, 2008.

Mondes fragiles, choses frêles, Montréal, Éditions de l'Hexagone, coll. « Rétrospectives », 2006.

Ravir : les lieux, Paris, Éditions de la Différence, 2005, 2007.

D'argile et de souffle, anthologie préparée par Pierre Nepveu, Montréal, Éditions Typo, 2002.

Portraits de mers, Paris, Éditions de la Différence, 2000.

Fenêtres du temps, en collaboration avec Marie-Claire Bancquart (Voilé / Dévoilé), Montréal, Éditions Trait d'Union, 2000.

Passerelles, poussières, Rimbach (Allemagne), Éditions Im Wald, 2000.

Les Murs de la grotte, Paris, Éditions de la Différence, 1998.

Pierres invisibles, encres de Julius Baltazar, Saint-Benoît-du-Sault (France), Éditions Tarabuste, 1998. Saint-Hippolyte, Éditions du Noroît, 1999.

Sans bord, sans bout du monde, Paris, Éditions de la Différence, 1995, 2003.

L'Issue, la résonance du désordre, Amay (Belgique), L'Arbre à paroles, 1993. Saint-Hippolyte, Éditions du Noroît, 1994. Réédition, *L'Issue, la résonance du désordre* suivi de *L'Empreinte du bleu*, gravures de Marc Garneau,

Saint-Hippolyte, Éditions du Noroît, 1999.

Les États du relief, Saint-Hippolyte et Chaillé-sous-les-Ormeaux (France), coédition Le Noroît / Le Dé bleu, 1991, 1993.

Le Vent, le désordre, l'oubli, dessins de Marc Garneau, Mont-sur-Marchienne (Belgique), Éditions L'Horizon vertical, 1991.

Un visage appuyé contre le monde, dessins de Marc Garneau, Saint-Lambert et Chaillé-sous-les-Ormeaux, coédition Le Noroît / Le Dé bleu, 1990, 1991, 1993, 1997. Réédition, Montréal, Éditions du Noroît, coll. « Ovale », 2001.

La Vie, ses fragiles passages, illustration de couverture de Michel Fourcade, Chaillé-sous-les-Ormeaux, Éditions Le Dé bleu, 1990.

Les Corridors du temps, Trois-Rivières, Les Écrits des Forges, 1988, 1991.

Les Retouches de l'intime, Saint-Lambert, Éditions du Noroît, 1987. Réédition, Montréal, Éditions du Noroît, 2004.

Hors champ, Montréal, Éditions du Noroît, 1985.

L'Intervalle prolongé suivi de *La Chute requise*, dessins de l'auteure, Montréal, Éditions du Noroît, coll. « L'instant d'après », 1983.

Récits

Le Temps du paysage, avec des photographies d'Hélène Dorion, Montréal, Éditions Druide, 2016.

Recommencements, Montréal, Éditions Druide, 2014.

L'Étreinte des vents, Montréal, PUM, 2009. Paru en France sous le titre *L'âme rentre à la maison*, Éditions de la Différence, 2010. Réédition 2018, Éditions Druide, collection de poche.

Jours de sable, Montréal, Éditions Leméac, 2002, 2004. Paris, Éditions de la Différence, 2003.

Essai

Sous l'arche du temps, Montréal, Éditions Leméac, 2003. Paris, Éditions de la Différence, 2005. Édition augmentée. Montréal, Éditions Typo. Édition suivie d'entretiens, 2013.

Correspondance

Nous ne sommes pas seules…, avec Carol Bernier, Trois-Rivières, Éditions d'art Le Sabord, 2014. Réédition 2017.

Album jeunesse

La Vie bercée, illustrations de Janice Nadeau, Montréal, Les 400 coups, 2006.

www.helenedorion.com

Troisième tirage

Cet ouvrage
a été achevé d'imprimer
en octobre 2018
pour le compte de Bruno Doucey
poète, éditeur de poètes
sur les presses
de l'imprimerie Grafoprint

Conception graphique
Dans les villes, Strasbourg

///

Dépôt légal : janvier 2018
Certification imprimeur : TT-COC-004947

///

Imprimé en Espagne

Cet ouvrage est imprimé, pour l'intérieur,
sur papier Munken Print Cream 80 g des papeteries Arctic Paper,
dont les usines ont obtenu la certification environnementale ISO 14001
et opèrent conformément aux normes ECF et EMAS.